Inhalt

Lead Supervisor oder zweistufiges Aufsichtssystem?

Kernthesen

Beitrag

Fallbeispiele

Weiterführende Literatur

Impressum

Lead Supervisor oder zweistufiges Aufsichtssystem?

G.Dengl

Kernthesen

- Bei der Umsetzung von Basel II zeigt sich, dass die Interessen der einzelnen nationalen Aufsichtsbehörden nicht ohne weiteres unter einen Hut zu bringen sind, besonders dann, wenn es sich um die Beaufsichtigung grenzüberschreitend operierender Bankengruppen handelt.
- Ein zweistufiges Aufsichtssystem, so wie man es von Europäischer Zentralbank und den Zentralbanken der einzelnen Länder kennt, hätte den Vorteil der größeren Einheitlichkeit der Anforderungen. Die

Anforderungen wären dann für alle Banken je Land einheitlich, unabhängig davon, ob es sich um eine inländische oder ausländische Bank handelt.
- Die Einführung eines "Lead Supervisors", d.h. einer Aufsicht, die jeweils für alle Niederlassungen einer Gruppe zuständig ist, und aus dem Land kommt, in dem der Stammsitz der Gruppe liegt, hat den Vorteil der Vereinheitlichung der Anforderungen je Gruppe. In der noch nicht abgeschlossenen Diskussion hat derzeit diese Lösung mehr Aussicht auf Erfolg.

Beitrag

Der Aktionsplan für Finanzdienstleistungen der EU (Financial Services Action Plan; FSAP) hat das Ziel, einen voll integrierten europäischen Finanzmarkt zu schaffen. (9)
Nach dem Verständnis der Europäischen Zentralbank (EZB) ist ein Markt dann voll integriert, wenn man für das gleiche Produkt unter den gleichen Bedingungen den gleichen Preis bezahlen muss. Es soll insbesondere keine rein geographischen Gründe für unterschiedliche Preise geben.
Anders als bei der EZB, die den nationalen Zentralbanken gegenüber weisungsbefugt ist, gibt es

für die Aufsichten der Finanzmärkte derzeit kein zentrales Organ. Vielmehr gibt es drei verschiedene Komitees, CEBS (Committee of European Banking Supervisors) für Banken, CEIOPS für Versicherungen und CESR für Wertpapiere, in denen Vertreter der jeweiligen nationalen Aufsichtsbehörden ihr Vorgehen aufeinander abstimmen.
Im Zuge des FSAP kommt es nun bei der Umsetzung der Anforderungen aus Basel II (die aktuelle Fassung der Anforderungen wurden im Juni 2004 veröffentlicht) in nationales Recht zu Unstimmigkeiten.
Basel II sieht zwar grundsätzlich die Zuständigkeit einer nationalen Aufsichtsbehörde vor. Bei der Umsetzung der Eigenkapitalanforderungen gibt es aber bestimmte Spielräume. Widersprüche, die schon im Vorfeld existierten, treten nun offen zu Tage. (4)

Konvergenz in der Aufsichtpraxis - aber wie?

Die Konvergenz und die aufsichtliche Zusammenarbeit sind zu einem zentralen Thema für die Europäische Kommission geworden. Dabei wird unter Konvergenz eine Angleichung der Umsetzung der europäischen Richtlinien in nationales Recht verstanden. Daher werden künftig nicht nur die

Kreditinstitute im Rahmen der Säule 3 (Market Discipline) mit erweiterten Offenlegungspflichten konfrontiert, sondern auch die Bankenaufseher. Letztere sollen für eine zentrale Offenlegung ihrer nationalen Aufsichtspraxis und der nationalen bankaufsichtlichen Regelungen sorgen, wobei auch hier wieder die Säule 2 (Supervisory Review Process) im Mittelpunkt stehen wird. (4)
Über das Ziel einer einheitlichen Aufsichtspraxis für alle Mitgliedsstaaten sind sich im Prinzip alle beteiligten Parteien einig. Uneinigkeit herrscht hinsichtlich des besten Weges, um dieses Ziel zu erreichen.
Vertreter von grenzübergreifend operierenden Bankkonzernen befürworten eine einheitliche europäische Aufsicht. Eine Variation davon stellt die Forderung dar, dass internationale Finanzkonzerne auf europäischer Ebene von einer EU-Aufsicht kontrolliert werden, während für die nationalen Institute weiterhin der heimische Aufseher zuständig ist. Die Vertreter lediglich national operierender Banken fordern dagegen auf jeden Fall eine stärker an den gegebenen Strukturen orientierte Aufsicht, die auf lokale Besonderheiten Rücksicht nehmen kann und wird. Eher konservative EU-Parlaments-Abgeordnete wiederum favorisieren das Modell einer engeren Koordinierung der nationalen Aufseher. Ihrer Meinung nach verfügt Europa mit den neuen EU-Regulierungsausschüssen CEBS, CEIOPS und CESR

über einen Aufsichtenkanon, der Konvergenz in der Aufsichtspraxis ausreichend gewährleistet.
Zu einer endgültigen Entscheidung ist es in diesem Zusammenhang noch nicht gekommen. (8)

Widerstand gegen den europäischen Finanzbinnenmarkt

So sehr der voll integrierte europäische Finanzbinnenmarkt von allen Beteiligten herbeigewünscht und -geredet wird, so widersprüchlich sind aber auch die Signale bei der tatsächlichen Umsetzung desselben. Überall da, wo Integration nicht nur Veränderung sondern auch Verzicht bedeutet, bilden sich Widerstände. Diese Widerstände, die auch als Widersprüche zum öffentlich reflexhaft wiederholten Bekenntnis zur Integration zu deuten sind, äußern sich z.B.
- in der Steuergesetzgebung
- im Verbraucherschutz
- und nicht zuletzt in der Aufsicht (7)
Bezahlen muss dafür nach einer Studie des ZEW (Zentrum für Europäische Wirtschaftsforschung) der Verbraucher. Für einen Kredit in Höhe von 100 000 Euro, wurden zwischen 1995 und 1999 je nach EU-Mitgliedstaat Zinsen in Rechnung gestellt, die um bis zu 2 600 Euro über dem Zins eines voll integrierten

Marktes lagen.
Zu welchen unerwünschten Folgen indes der übereifrige Verbraucherschutz führen kann, zeigt sich besonders im Anlegerschutz. Die unüberschaubare Regulationsflut wird als einer der Hauptgründe gesehen, warum Unternehmen im vergangen Jahr so zurückhalten von der Möglichkeit der Kapitalbeschaffung über ein IPO Gebrauch gemacht haben. (6)

Effizienzsteigerung durch Vereinheitlichung

Die Forderungen von Europas international operierenden Finanzkonzernen leuchten ein: sie fordern Vereinheitlichung der Bank- und Finanzaufsicht, am besten unter einem Dach. Derzeit müssen sie sich mit Doppelmeldungen an verschiedene Behörden, Inkonsistenzen in der Aufsichtspraxis oder unzureichender Wettbewerbsneutralität der Aufsicht auseinandersetzen. Daneben ist auch die Kooperation zwischen den europäischen Komitees CEBS, CEIOPS und CESR schwierig, da insgesamt ca. 70 Institute aus 25 Ländern unter einen Hut gebracht werden müssen. Alle diese Instanzen sind derzeit mit unterschiedlichen Vorschriften und Verfahrensweisen

zu befriedigen. (7), (5)
CEBS (www.c-ebs.org) hat dieses Problem in einer Presseerklärung vom 26. Januar 2005 adressiert, und kündigt, zumindest was die technische Meldestruktur angeht, ein Projekt zur Vereinheitlichung der Anforderungen der verschiedenen Aufsichtsbehörden an. Nach der Ansicht des Komitees trägt diese Vereinheitlichung auch dazu bei, ein weiteres Hindernis auf dem Weg zur Finanzmarktintegration aus dem Weg zu räumen.

Fallbeispiele

Die vierte Auswirkungsstudie

Derzeit läuft auf internationaler Ebene unter Federführung der Bundesbank die vierte Auswirkungsstudie. Daran beteiligen sich in Deutschland 200 Institute. Die Auswertung der Studie findet im Frühjahr statt. (2)
Bei dieser so genannten Quantitative Impact Study (QIS) 4 gibt es im Vergleich zur QIS 3 Änderungen hinsichtlich der Kalibrierung der Risikogewichtungsfunktionen und der

Wertberichtigungen. Darüber hinaus sollen außerbilanzielle Forderungen sowie Spezialfinanzierungen separat ausgewiesen werden. Ein Rücklauf wird bis Ende Februar erwartet, die Ergebnisse werden im April 2005 mit den Banken diskutiert. (1)

Basel II und IAS

Was das Zusammenspiel von Basel II und IAS angeht, so enspinnt sich an der Frage, ob in der Bilanzierung nun der eher konservative Ansatz angewendet, den Basel II fordert (Modell des "Expected Loss"), oder der etwas gewagtere Ansatz, der von IAS im Rahmen des "true and fair view" propagiert wird (Modell des "Incurred Loss"). Es bleibt abzuwarten, wie die Bilanzierenden auf diese unvereinbaren Anforderungen reagieren werden. (4)

Fazio weicht Antworten aus

Der italienische Notenbank-Chef Antonio Fazio reagierte auf die Diskussion um die zukünftigen Kompetenzen der nationalen Aufsichtsbehörden verstimmt. Durch seine bisherige Politik hält er den

Einfluss ausländischer Banken auf die italienische Kreditwirtschaft in sehr engen Grenzen. Er plädiert deshalb auch weiterhin für die Beibehaltung nationaler Aufsichtsbehörden. Seine Beweggründe sind die Nähe zu den Banken, durch die konstanter Informationsaustausch sowie direkter Kontakt ermöglicht werden. Die Bankenaufsichten seien zudem zu stark mit den nationalen Systemen verwurzelt, als dass man sie durch eine gesamteuropäische Aufsicht schadlos ersetzen könnte. (5)

Weiterführende Literatur

(1) Basel II, CAD III und die Solvabilitätsverordnung II - nur Übergangsstandards
aus Zeitschrift für das gesamte Kreditwesen 22 vom 15.11.2004 Seite 1244

(2) "99 Prozent der Unternehmen profitieren von Basel II"
aus Süddeutsche Zeitung, 10.01.2005, Ausgabe Deutschland, S. 22

(3) Die zweite Säule von Basel II und ihre Umsetzung (Teil 2) Das künftige bankaufsichtliche Überprüfungsverfahren
aus Betriebswirtschaftliche Blätter, November 2004, Nr. 11, S. 574

(4) Der Basel-II-Prozess gewinnt an Dynamik
Bankenaufsicht und Prüfungswesen im Wandel
aus Betriebswirtschaftliche Blätter, Dezember 2004,
Nr. 12, S. 622

(5) "Banken müssen Basel II transparent umsetzen"
Caruana (Baseler Ausschuss): Erleichterung für
Aufsichtsbehörden - Sanio (BaFin): Kooperation ist
schwierig
aus Börsen-Zeitung, 20.11.2004, Nummer 226, Seite 5

(6) Regulierung belastet den IPO-Markt Teilnehmer
des Eigenkapitalforums kritisieren überzogenen
Anlegerschutz
aus Börsen-Zeitung, 24.11.2004, Nummer 228, Seite 18

(7) Basel II weist Weg für EU-Finanzaufseher
Konvergenz oder "Lead Supervisor" - Großbanken
wollen mehr Weisungsrecht für Gruppenaufsicht
aus Börsen-Zeitung, 31.12.2004, Nummer 254, Seite 37

(8) Rückendeckung für Berlin Parlamentsbericht für
EU-Finanzaufsicht - "Lead Supvervisor" wichtiger
Schritt
aus Börsen-Zeitung, 25.01.2005, Nummer 16, Seite 6

(9) Eine starke Volkswirtschaft braucht eine starke
Finanzwirtschaft Banken und Versicherer müssen
sich neu erfinden - Die Qualen der jüngeren
Vergangenheit scheinen überwunden, aber für eine
Entwarnung ist es viel zu früh
aus Börsen-Zeitung, 30.11.2004, Nummer 232, Seite B2

Impressum

Lead Supervisor oder zweistufiges Aufsichtssystem?

Bibliografische Information der deutschen Nationalbibliothek

Die Deutsche Nationalbibliothek verzeichnet diese Publikation in der deutschen Nationalbibliografie; detaillierte bibliografische Daten sind im Internet über http://dnb.d-nb.de abrufbar.

ISBN: 978-3-7379-0436-0

© 2015 GBI-Genios Deutsche Wirtschaftsdatenbank GmbH, Freischützstraße 96, 81927 München, www.genios.de

Alle Rechte vorbehalten. Dieses Werk ist einschließlich aller seiner Teile – z.B. Texte, Tabellen und Grafiken - urheberrechtlich geschützt. Jede Verwertung außerhalb der Grenzen des Urheberrechtsgesetzes bedarf der vorherigen Zustimmung des Verlags. Dies gilt insbesondere auch für auszugsweise Nachdrucke, fotomechanische Vervielfältigungen (Fotokopie/Mikroskopie), Übersetzungen, Auswertungen durch Datenbanken oder ähnliche Einrichtungen und die Einspeicherung und Verarbeitung in elektronischen Systemen.